全国职业院校城市轨道交通专业教材

城市轨道交通安全管理
习题册

林茂　主编

中国劳动社会保障出版社

简　介

本习题册为全国职业院校城市轨道交通专业教材中《城市轨道交通安全管理》的配套用书。

本习题册题型设计多样，包括填空题、选择题、判断题、名词解释、简答题、综合分析题等，力求充分体现教材的重点和难点，能反映实际工作中接触到的具体问题。通过习题训练，使学生进一步掌握知识，理解原理，提高解决实际问题的能力。本习题册配有答案，可通过技工教育网（http://jg.class.com.cn）下载。

本习题册由林茂任主编，詹薇、秦浩、刘杨、张琼参加编写。

图书在版编目（CIP）数据

城市轨道交通安全管理习题册 / 林茂主编 . -- 北京：中国劳动社会保障出版社，2020
全国职业院校城市轨道交通专业教材
ISBN 978-7-5167-4689-9

Ⅰ. ①城…　Ⅱ. ①林…　Ⅲ. ①城市铁路 - 交通运输安全 - 交通运输管理 - 高等职业教育 - 习题集　Ⅳ. ①U239.5-44

中国版本图书馆 CIP 数据核字（2020）第 183061 号

中国劳动社会保障出版社出版发行
（北京市惠新东街 1 号　邮政编码：100029）
*
北京市科星印刷有限责任公司印刷装订　　新华书店经销
787 毫米 ×1092 毫米　16 开本　2.5 印张　55 千字
2020 年 10 月第 1 版　　2025 年 2 月第 4 次印刷
定价：7.00 元
营销中心电话：400-606-6496
出版社网址：http://www.class.com.cn
http://jg.class.com.cn

目　录

第一章　城市轨道交通运营安全管理基础知识

一、填空题

1. 危险源的类别主要有物理性危险源、化学性危险源、__________、___________、行为性危险源等。

2. 安全标志是表达特定安全信息的标志，由___________、___________、几何形状（边框）或文字构成。

3. 安全标志分为___________、___________、指令标志和提示标志。

4. 城市轨道交通运营安全管理内容中，人的方面是指乘客要有较强的___________，城市轨道运营人员要有较高的___________和责任心，形成“人人想安全，人人会安全，人人善安全”的文化氛围，具体表现在对乘客的宣传教育和对员工的定期培训上。

5. 影响城市轨道交通运营安全的主要因素有________、设备因素、________、管理因素四个方面。

6. 计划就是未来行动的方案，其特征为：必须与__________，必须__________来实现，需要一定的执行者和监督者。

7. 组织通常是指具有明确目的，由管理组织成员执行，有相应___________体系的一个集合体。

8. 安全管理计划必须具备________、________和步骤三个要素。

二、选择题

1. 下列关于安全色描述，正确的是（　　）。

　A. 蓝色用于表示提示　　B. 红色用于表示严重警告

　C. 绿色用于表示指引　　D. 黄色用于表示注意

2. 站台上的安全线应当使用（　　）。

　A. 红色　　B. 黄色　　C. 蓝色　　D. 绿色

3. 运营安全管理的对象是（　　）。

　A. 各级管理人员　　B. 人、财、物、信息

　C. 运营计划和组织　　D. 运营指挥、协调和控制

4. 激光辐射属于（　　）。

　A. 化学性危险源　　B. 物理性危险源　　C. 生物性危险源　　D. 行为性危险源

5. 安全标志杆应采用（　　）条纹。

　A. 红白相间　　B. 黄黑相间　　C. 蓝白相间　　D. 绿白相间

6. ①至⑦序号中，属于指令性计划特点的是（　　）。

①强制性　②权威性　③约束性　④灵活性　⑤行政性　⑥间接调节性　⑦间接市场性

A. ①②⑤⑦　　B. ①②⑥⑦

C. ②③⑤⑥　　D. ③④⑤⑦

7. ①至⑦序号中，属于指导性计划特征的是（　　）。

①强制性　②权威性　③约束性　④灵活性　⑤行政性　⑥间接调节性　⑦间接市场性

A. ①③④　　B. ②③④　　C. ③④⑥　　D. ④⑥⑦

8. ①至⑦序号中，属于安全决策特点的是（　　）。

①程序性　②强制性　③创造性　④抉择性　⑤灵活性　⑥指导性　⑦风险性

A. ①②④⑥⑦　　B. ③④⑤⑥⑦　　B. ②③④⑥⑦　　D. ①③④⑥⑦

三、判断题

1. 为了反衬，通常采用红色和黑色搭配对比色。（　　）

2. 提示标志是指向人们提示某种信息的图形标志，图形基本形式为正方形边框，图形符号为白色，背景色为绿色。（　　）

3. 危险源识别是识别危险源的存在并确定其特性的过程，实质是找出组织中存在的人的不安全行为、物的不安全行为、作业环境中存在的危害因素及管理缺陷。（　　）

4. 明火属于化学性危险源。（　　）

5. 应急预案是对日常安全管理工作的必要补充，其主要内容包括应急装备的设置、事故处理、恢复正常运行。（　　）

6. 运营安全管理的主体是运营系统的人、财、物、信息等。（　　）

7. 人员因素是发生城市轨道交通事故的主要原因。（　　）

8. 按照安全决策问题条件的不同，可分为战略性安全决策和策略性安全决策。（　　）

四、名词解释

1. 危险源

2. 城市轨道交通安全

3. 安全色

4．科学安全决策

五、简答题

1．简述城市轨道交通运营安全的特点。

2．安全管理对运营安全的重要性主要体现在哪些方面？

3．安全管理计划的编制原则有哪些？

4．简述安全管理组织的设计原则。

六、综合分析题

值班站长是车站运营安全管理的直接负责人，在工作中应当协调好影响运营安全各因素间的关系，确保列车运行和乘客乘坐的有序进行。人是影响运营安全的主要因素，假如你作为一名值班站长，应当从哪些方面做好人的管理工作？

第二章　城市轨道交通运营安全系统分析

一、填空题

1．安全分析技术可以分为＿＿＿＿＿＿和＿＿＿＿＿＿两种类型。

2．常用的安全分析方法有＿＿＿＿、＿＿＿＿、＿＿＿＿、＿＿＿＿、＿＿＿＿等。

3．定量分析可以计算出事故发生的＿＿＿＿＿＿＿。

4．排列图又称为＿＿＿＿＿＿＿。

5．排列图分析法的核心目标是找到影响＿＿＿＿＿＿的主要因素。

6．危险性和可操作性研究是一套以＿＿＿＿＿＿＿的危害分析方法。

7．安全检查表法可以对现有的＿＿＿＿＿＿、＿＿＿＿＿＿或＿＿＿＿＿＿等进行评价，并获得定性的评价结果。

8．安全检查表可全面查找＿＿＿＿＿＿＿，体现了相关法规、标准的要求。

二、选择题

1．下列不属于安全检查表优点的是（　　）。

A．简单明了　　B．全面性

C．只能做定性评价　　D．标准化

2．事故树又称为（　　）。

A．故障树　　B．事件树

C．逻辑树　　D．以上均不是

3．应用安全检查表实施车间安全检查，可由（　　）检查。

A．安全监督巡检人员

B．车间主任或指定车间安全员

C．任意工作人员

D．安全技术部门现场人员

4．专业性安全检查表主要用于（　　）。

A．防止人身、设备、机械加工等事故

B．专业性的安全检查或特定设备的安全检查

C．岗位自查

D．防止人员失误操作

5．专家质疑法需要召开（　　）次会议。

A．1　　B．2　　C．3　　D．4

6. 事故树从特定事故或故障开始，其中的事故或故障被称为（　　）。

A. 顶上事件　　B. 底事件

C. 特殊事件　　D. 以上说法均不对

7. 下列关于事故树分析法描述错误的是（　　）。

A. 因果关系直观明了

B. 思路清晰

C. 逻辑性强

D. 不能定量分析

8. 事件树分析法是一种常用的归纳推理分析方法，起源于（　　）。

A. 事故树分析　　B. 决定树分析

C. 决策树分析　　D. 排列图分析

三、判断题

1. 运营安全系统分析在运营安全系统工程中占有十分重要的地位。（　　）

2. 事故树分析法不能深入地揭示事故的潜在原因。（　　）

3. 为了编制好事故树，必须将造成顶上事件的所有直接原因事件尽可能找出来。（　　）

4. 安全检查表只能用于系统安全设计审查。（　　）

5. 预先危险性分析法又称为排列图分析法。（　　）

6. 事故树作为安全分析评价、事故预测的一种科学方法，在国内外得到广泛应用。（　　）

7. 排列图分析法用曲线图表示。（　　）

8. 安全检查表法适用于工程系统的各个阶段，是一种最基础、最简便、最常见的系统危险性评价方法。（　　）

四、名词解释

1. 事件树分析法

2. 专家评议法

3．预先危险性分析法

4．运营安全系统分析

五、简答题

1．安全检查表的编制注意事项有哪些？

2．定量分析的内容包括哪几个方面？

3．简述运营安全系统分析的内容。

4．安全检查表的类型有哪些？

六、综合分析题

某地铁车辆段在调车作业中发生车轮严重擦伤事故。经调查，事故原因是调车员在指挥动车前未撤出铁鞋。请用安全检查表相关知识分析本次事故。

1．调车作业的安全系统危险点有哪些？

2．使用安全检查表的注意事项有哪些？

3．编制调车作业的安全检查表。

第三章　城市轨道交通行车安全管理

一、填空题

1．行车安全的工作内容包括__________、接发列车作业安全、车站作业安全、__________、调车作业安全等。

2．行车时间以________时间为准，实行________制。

3．指挥列车在正线运行的命令只能由__________发布。

4．列车司机必须严格按照____________规定的时刻行车。

5．动车前必须确认____________、____________、____________、____________及制动情况，凭有效的行车凭证动车。

6．调车作业实行“__________、__________”的原则。

7．在车辆段 / 停车场管辖范围内，列车运行或调车的信号以________或________为主，对讲通话为辅。

8．变更调车作业计划时，调车领导必须__________作业，将变更内容重新传达给__________人员，确认无误后方可作业。

二、选择题

1．下列不属于接发车惯性事故的是（　　）。

A．向占用区间发出列车　　B．列车冒进信号

C．列车越过警冲标　　D．列车脱轨

2．在线路尽头线调车作业时，距离线路终端应有（　　）m 安全距离。

A．5　　B．10　　C．15　　D．20

3．下列（　　）不属于调车惯性事故。

A．信号冒进　　B．挤岔　　C．冲突　　D．溜逸

4．列车进出库门时，在库门前一度停车，下车确认库门及线路限界情况，确认安全后，以（　　）km/h 的限速进出库门。

A．5　　B．25　　C．15　　D．10

5．比照列车运行图，单程每列延误（　　）min 及以上为晚点。

A．3　　B．5　　C．2　　D．10

6．下列不属于行车安全要素的是（　　）。

A．信号　　B．道岔　　C．车门　　D．线路

7．下列选项当中，不属于城市轨道交通安全管理中的“三不伤害”的是（　　）。

A．不伤害自己　　B．不伤害别人

C．不损坏设备　　D．不被他人伤害

8．不具备列车防护的固定闭塞行车凭证的是（　　）。

A．车载信号和地面信号显示

B．地面信号显示或调度命令

C．车载信号和调度命令

D．路票和调度命令

三、判断题

1．司机以人工驾驶模式驾驶列车进站对标时，禁止接行调及其他电话。（　　）

2．司机在场段整备作业过程中发现异常或问题时，应第一时间报告 OCC 行调。（　　）

3．确认出库信号机开放黄灯和信号楼的动车指令后，方可按列车时刻表以 RM 模式驾驶列车出库。（　　）

4．城市轨道交通工程车在进站、出站时不需要鸣笛示警。（　　）

5．在调试试验客车运行过程中，禁止调试、试验人员擅自动用与行车安全有关的设备设施。（　　）

6．列车调试、试验按信号显示行车，列车在通过进路防护信号机、道岔时不用降低速度。（　　）

7．区间列车发生故障时，应尽可能维持进站处理。（　　）

8．信号系统正常时，也需要车站接发列车。（　　）

四、名词解释

1．行车安全

2．接发列车惯性事故

3．调车作业

4．行车闭塞法

五、简答题

1．影响列车运行安全的主要因素有哪些？

2．接发列车作业安全的要求有哪些？

3．站台开关屏蔽门、车门时，必须严格执行“一确认、二呼唤、跨半步、再开门”作业程序的具体内容是什么？

4．调车作业前的准备要求有哪些？

六、综合分析题

一辆地铁列车在洗车线洗车完毕后，司机和副司机未与车辆段信号楼值班员联系，擅自动车（当时速度为 15 km/h）。信号楼值班员听到挤岔警示后，立即用电台呼叫司机停车，列车在越过岔尖轨 40 m 后停稳，造成了挤岔事故。试分析造成此事故的原因和防范措施。

第四章　城市轨道交通运营施工安全管理

一、填空题

1．施工前的组织工作包括人员安排、组织学习施工作业计划、施工前的准备和__________等。

2．对于入职、转岗、晋升的职工应进行部门、车间、__________的安全教育和技术培训，经考核合格方准上岗。

3．安全检查包括日常检查、________、综合检查三种方式。

4．凡在运营管理部门所辖设备和范围内进行的施工作业，原则上必须持____________________方可进场作业。

5．正线、辅助线发生设备故障需临时抢修时，行调按照“__________”的原则及时安排抢修作业。

6．在站内线路施工时，由施工负责人在车站两端头轨道中央设置__________防护。

7．搭乘客车到区间隧道抢修作业，应得到__________的批准。

8．车站或线路两旁发生设备故障，但不影响列车正常运行时，由__________统筹处理。

二、选择题

1．影响正线、辅助线行车的施工属于（　　）施工。

A．A类　　B．B类　　C．C类　　D．D类

2．遇特殊情况需延长施工作业时间时，施工负责人应在计划结束时间前（　　）min向行调 / 段调请示，得到行调 / 段调同意后方可延长。

A．10　　B．20　　C．30　　D．40

3．施工单位需提报周计划时，应于工作开始前一周的（　　）以前，向施工计划审批部门提交月 / 周施工计划申报单。

A．星期一 8：00　　B．星期一 16：00

C．星期二 8：00　　D．星期二 16：00

4．临时补修计划的施工进场作业令，工作日工作时间内由计划审批部门编制，节假日和工作日非工作时间由（　　）编制。

A．OCC　　B．计划审批部门　　C．车站　　D．检修部门

5．A类和影响正线及出入段线行车的B类作业，经（　　）审核批准方可安排施工。

A．车站　　B．值班主任　　C．行调　　D．段调

6．外单位的施工作业人员进出车站须提前与车站当值人员联系，并于关站前（　　）

min 进站。

A．10　　B．20　　C．30　　D．40

7．人与工程车在同一区域作业时，非随车施工人员与列车应有（　　）m 以上的安全间隔。

A．30　　B．50　　C．80　　D．100

8．以下不属于车站人员职责的是（　　）。

A．查验施工作业人员和施工负责人 / 责任人的相关证件

B．在站台端墙处线路设置和撤销区间作业的施工防护

C．与施工负责人、配合人员确认施工区域线路出清

D．组织指挥作业过程

三、判断题

1．运营施工管理是一个复杂的系统工程，具有点多、线长、时间短、交叉作业多、施工量大、地点集中、夜间施工多等特点。（　　）

2．运营线路的维修施工作业都集中在夜晚运营结束后至第二天首班车运营前 30 min 内进行。（　　）

3．车站、主变电所、OCC 行车设备区范围内影响行车设备设施的作业属于 A1 类施工。（　　）

4．城市轨道施工安全管理机构一般有施工协调管理小组、施工协调工作小组，主要职责是定期对施工开展情况进行分析总结，并有针对性地进行工作改进。（　　）

5．车间每月对设备设施的维修作业、设备质量、安全管理进行安全检查不少于 2 次。（　　）

6．在两站之间正线线路作业中，需要开行工程列车时，由行调指定的车站值班员负责掌握施工情况，监督施工安全。（　　）

7．须滞留区间的作业，抢修人员进入安全地带后，用绿色灯光做圆形转动或通过无线电联系，通知司机继续运行。（　　）

8．车辆段接触网停电和送电前，段调应确认是否具备停、送电条件，并报电调。（　　）

四、名词解释

1．施工安全管理

2．运营施工管理

3．特种作业人员安全教育

4．专项检查

五、简答题

1．简述运营施工管理的内容。

2．简述施工现场作业纪律。

3．简述正线、辅助线封锁区间抢修的程序。

4．简述A类施工作业请点规定。

六、综合分析题

某地铁运营公司1号线A站申请施工作业a，作业区域为A站至B站上下行及辅助线（含A站、B站）。B站申请施工作业b，工程车需由车辆段开往B站，在B站进行施工作业。00∶15 A站申请请点，行调同意该施工作业。00∶16工程车到达B站，行调随即同意施工作业。

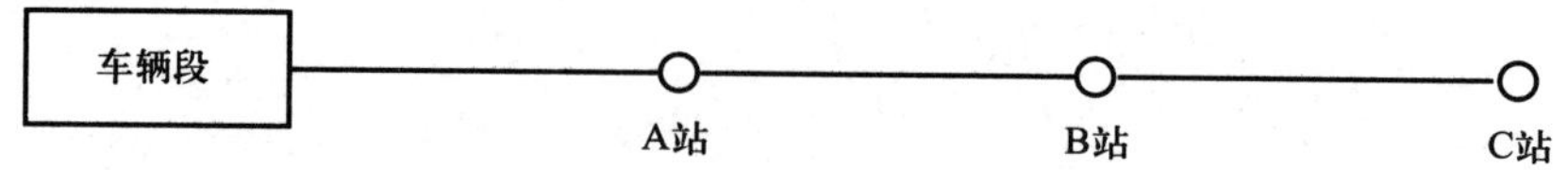

1．请写出非运营时间的设备检修施工有关规定。

2．请具体分析本题中行调办理施工作业的错误。

第五章　城市轨道交通消防安全管理

一、填空题

1. 凡是失去控制并造成人身、财产损失的燃烧现象，均可称为________。

2. 构成燃烧的三个条件是可燃物质存在、__________、有导致燃烧的能源。

3. __________是将火源处或其周围的可燃物质隔离或移开，燃烧因缺少可燃物而停止。

4. 灭火器按照外形可分为手持式灭火器和______________。

5. 在室外使用二氧化碳灭火器时，应选择______方向喷射。

6. 防火隔烟设施有__________、地铁隔断门及箱型水幕系统等。

7. 城市轨道运营管理单位及消防救援人员应制定完善的__________并进行演练，使每个岗位的人员都明确事故情况下自己的职责和行动的步骤，培养紧急应变能力，提高事故初期灭火抢险和疏散乘客的效能。

8. 消防安全责任区域按照“________，________；________，________”的原则划分。

二、选择题

1. 钾、钠、镁、钛、锆、锂等引起的火灾属于（　　）类火灾。

A．A　　B．B　　C．C　　D．D

2. 下列不属于干粉灭火器优点的是（　　）。

A．灭火迅速　　B．电绝缘　　C．高温使用　　D．价格低廉

3. 下列不属于火灾自动报警系统外围设备的是（　　）。

A．感烟探测器　　B．智能手动报警按钮

C．消防电话　　D．火灾报警控制器

4. 扑灭图书、档案、贵重设备、精密仪器、600 V 以下电气设备及油类初起火灾的是（　　）灭火器。

A．干粉　　B．二氧化碳　　C．泡沫　　D．水基

5. 车站、商业街等公共区域，在运营时间至少（　　）h 巡查一次，并填写每日防火巡查记录表。

A．1　　B．2　　C．3　　D．4

6. 消防控制室值班记录表、每日防火巡查记录表、地铁车辆段和 OCC 每日防火巡查记录表、消防设施每日巡查记录表保存时间不得少于（　　）。

A．三个月　　B．半年　　C．一年　　D．两年

7. 下列不属于员工消防安全职责的是（　　）。

A．认真学习和贯彻执行消防法规和消防安全管理制度

B．参加消防安全培训和消防演练

C．熟练掌握消防应知应会知识和消防安全操作规程

D．管理本班组消防器材

8．列车中部着火且停在区间中部，OCC 应开启隧道通风系统紧急模式，向（　　）送风，使烟雾远离尾部乘客。

A．列车前进方向

B．与列车前进方向相反的方向

C．列车头部

D．列车中部

三、判断题

1．A 类火灾是指固体物质火灾。（　　）

2．通过降低燃烧物周围的氧气浓度起到灭火作用的方法是窒息法。（　　）

3．使用 ABC 干粉灭火器灭火时，应将灭火喷嘴对准燃烧物底部喷洒，直至把火全部扑灭。（　　）

4．用消火栓灭火至少需要四人，两人握水枪，两人开阀门。（　　）

5．火灾发生后，被困人员在有毒烟气笼罩下的允许逃生时间只有 3 min 左右。（　　）

6．地铁车站建筑装修材料和列车车厢内装饰材料的不燃、难燃化，是预防火灾发生和阻止火势蔓延的有效措施。（　　）

7．在地铁全线各处应设置火灾自动报警系统，可以及时发现火灾，并利用自动报警装置联动相应的灭火设施和排烟设备，控制火势蔓延和烟气扩散，扑灭火灾。（　　）

8．列车中部着火且停在近前方车站时，驾驶员应组织乘客向两端疏散。（　　）

四、名词解释

1．抑制法灭火

2．泡沫灭火器

3．消火栓

4．火灾报警系统

五、简答题

1．简述防火的基本措施。

2．简述消火栓的使用方法。

3．简述火灾自动报警系统的启动程序。

4．简述城市轨道交通火灾的特点。

六、综合分析题

某地铁线路行调接到报告，A 站下行进站 300 米处列车中部发生火灾。行调立即通知相关车站及司机组织乘客向上一站 B 站疏散。值班主任马上发布启动区间火灾应急处置程序。环调通知 A 站、B 站立即开启区间照明维修模式并开启隧道风机，A 站隧道风机向 B 站送风，B 站隧道风机排风。

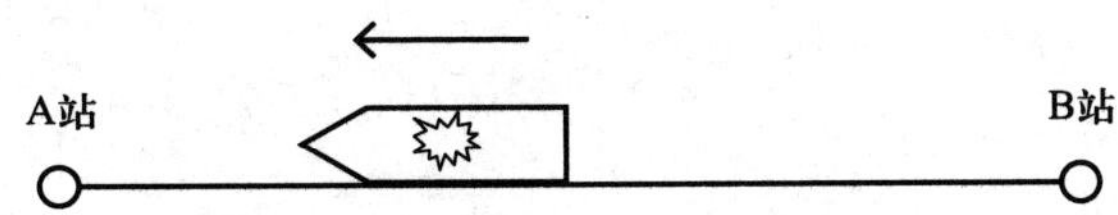

1．请指出此次火灾处理过程中的错误。

2．请画出列车火灾处理流程图。

第六章　城市轨道交通电气安全管理

一、填空题

1. 根据电能的不同作用形式，电气事故分为触电事故、静电危害事故、雷电灾害事故、电磁场危害事故和________________________。

2. ____________是较常见的一种触电事故，占全部触电事故的 70% 以上。

3. 牵引供电系统主要由__________、接触网和继电保护装置三大部分构成。

4. 接触电压的大小取决于人体站立点与________的距离，距离越远则接触电压________。

5. 绝缘、安全间距、____________、安全电压、遮拦及阻挡物等都是防止直接触电的防护措施。

6. 当电气设备采用超过______V 的安全电压时，必须采取防止直接接触带电体的保护措施。

7. 高压电气设备主要有__________、高压断路器、750 V 直流开关、高压隔离开关、电气主接线等。

8. 保护接地、__________是间接触电防护措施中最基本的措施。

二、选择题

1. 当人站在接地点与漏电设备接触时，接触电压为（　　）V。

A．0　　B．220　　C．24　　D．110

2. 发现有人触电时切不可惊慌失措，应按“迅速、（　　）、准确、坚持”的原则，根据触电的具体情况进行救治。

A．就近　　B．就地　　C．就远　　D．救援

3.（　　）是沿轨道线路架设、向车辆供给电能的特殊形式的输电线路。

A．牵引变电所　　B．架空式接触网

C．接触轨　　D．接触网

4. 电气化线路安全标志 ⚡ 的含义是（　　）。

A．当心触电　　B．有电危险　　C．高压危险　　D．远离电源

5. 在电气化线路中，接触网的各导线及其相连部件通常都带有（　　），禁止直接或间接接触。

A．高压电　　B．低压电　　C．带电物体　　D．绝缘体

6. 倒闸操作必须执行操作票制和（　　）。

A．重复票制　　B．电路票制　　C．工作监护制　　D．隔离制度

7．在水下场所工作，应使用不高于（　　）V 的安全电压。

A．36　　B．24　　C．12　　D．6

8．胸外按压频率为（　　）次 /min 左右，每次按压和放松的时间相同。

A．60　　B．80　　C．90　　D．100

三、判断题

1．城市轨道交通的快速运行主要借助于电气系统运行完成。（　　）

2．在高压工作中，最小检修距离不应小于 0.7 m。（　　）

3．巡视高压设备时，没必要与带电设备保持规定的安全距离。（　　）

4．操作隔离开关时，严格执行“一人操作、一人监护”的规定。（　　）

5．巡视线路时，无论线路是否停电，均应视为带电并沿着线路上风侧走。（　　）

6．安全电压就是绝对没有危险的电压。（　　）

7．保护接零主要用于高压设备的防护。（　　）

8．接触轨设备停电，在未做好安全措施前，仍视为带电设备。（　　）

四、名词解释

1．间接接触触电

2．倒闸操作

3．高压断路器

4．漏电保护装置

五、简答题

1．简述电气事故的类型和特点。

2．城市轨道交通中的电气设备有哪些？

3．巡视高压电气设备时有哪些规定？

4．简述倒闸操作的注意事项。

六、综合分析题

在某地铁检修车间，组长命令甲、乙拆除某处的接触网地线。乙用扳手先拆除钢轨上的地靴，在地靴脱离钢轨的瞬间，乙被感应电打翻并造成重伤。

1．试分析此次事故的原因。

2．发现有人触电，应采取哪些急救措施？

3．针对本次事故，应做好哪些防范措施？

第七章　城市轨道交通设备安全管理

一、填空题

1．设备安全应具备设备服务对象的安全、设备操作人员的安全和________三方面的要求。

2．________是城市轨道交通设备管理的核心内容，也是设备安全管理的基础。

3．________是潜在的不安全因素，在一定条件下能够转化成为设备故障甚至设备事故。

4．使用洗车机洗车，重点是列车________、________、刷头动作的安全控制。

5．车辆是直接运送乘客的系统设备，集成了车辆、车载信号、车载通信设备，其故障影响________和________。

6．________直接关系到列车运行供电，一旦发生影响行车的故障，其影响范围通常较广，影响时间也较长。

7．电气设备安全管理的重点是________。

8．特种设备的操作和维修人员应取得________证书。

二、选择题

1．安装在线路上可能影响行车安全的设备，主要包括不落轮镟床和（　　）。

A．起重机械　　B．列车清洗机

C．电梯　　D．压力管道

2．下列不是设备安全管理“三懂三会”内容的是（　　）。

A．懂设备结构，会使用　　B．懂设备结构，会操作

C．懂设备性能，会维修　　D．懂设备原理，会排除一般故障

3．常用特种设备不包括（　　）。

A．锅炉　　B．压力容器

C．电梯　　D．电力车

4．以下技术规章中，（　　）用于规定设备使用操作人员应该遵守的安全操作程序，保证人身安全及设备安全。

A．设备使用操作手册　　B．设备使用操作安全规程

C．设备检修规程　　D．故障应急处置程序

5．承压锅炉压力表一般（　　）个月定期校验一次。

A．1　　B．3　　C．6　　D．12

三、判断题

1. 对于可能发生影响行车、客运服务的重要设备故障，应提前编制预案。（　　）
2. 对于不影响行车、客运服务的故障，可以安排在当日运营结束后再进行处理。（　　）
3. 信号设备故障处理主要依靠维修部门对故障部位的准确判断和更换备件。（　　）
4. 屏蔽门故障不会直接影响列车运行。（　　）
5. 现场维修及操作要严格按照作业标准执行，杜绝违章操作造成的安全事故。（　　）
6. 机械磨损不会造成设备配件失效或功能丧失，引发设备故障。（　　）
7. 行车设备发生故障可能会引起列车运行中断，甚至引发较为严重的行车事故。（　　）
8. 在屏蔽门和车门之间加装照明设备和警报装置是为了照明。（　　）

四、名词解释

1. 设备安全

2. 特种设备

3. 行车设备

4. 电气设备运行安全管理

五、简答题

1．影响行车安全的设备有哪些？

2．设备可维修性主要包含哪些内容？

3．特种设备安全管理的内容有哪些？

4．安全管理的“四不放过”是什么？

六、综合分析题

某地铁车站屏蔽门因故障无法开启。经过抢修，28 min 后故障排除，地铁运营逐步恢复正常。地铁公司表示故障发生后车站迅速启动应急处置预案，屏蔽门故障原因待查。

1．试对此次事故进行分析。

2．请针对该类事故制定对应的防范措施。

第八章　城市轨道交通应急处置

一、填空题

1．2006 年 1 月 8 日，国务院发布________________________，标志着我国应急预案框架体系初步形成。

2． 突发事件包括__________、消防治安类和自然灾害类。

3．________是指事故、事件发生后，有关组织或人员采取的应急行动，从应急预案启动到关闭的整个过程。

4．危险分析包括危险识别、脆弱性分析和________。

5．应急预案是应急救援工作的指导文件，应当对预案的________、修改、更新、批准和发布进行明确规定。

6．车站应急设备分为事故救援应急设备和____________________。

7．乘客车厢和车辆驾驶室都安装有应急设备，主要包括____________、紧急报警装置、灭火器、紧急开门装置等。

8．________级应急响应行动由市县安委办或市政府有关部门组织实施。

二、选择题

1．我国应急管理体系建设的基本框架为（　　）。

A．一案两制　　B．一案三制　　C．一案四制　　D．一案五制

2．隐患有两个特点：一是小，二是（　　）。

A．隐藏　　B．隐身　　C．隐蔽　　D．隐患

3．事故救援应急设备不包括（　　）。

A．呼吸器　　B．逃生面具　　C．电梯　　D．应急灯

4．按照安全生产事故的可控性、严重程度和影响范围，应急响应级别原则上分为（　　）级响应。

A．三　　B．四　　C．五　　D．六

5．处理应急响应事故信息，应坚持（　　）、准确、客观以及逐级报告的原则。

A．迅速　　B．及时　　C．按时　　D．快速

6．确定正线车辆脱轨后，（　　）立即扣停开往受影响区域列车，对已进入该区间的列车，组织其退回始发车站。

A．TCM　　B．AFC　　C．ACC　　D．OCC

7．造成 3 人以下死亡，或危及 3 人以下生命安全，或造成 10 人以下重伤，或直接经

济损失 1 000 万元以下的安全生产事故，应当启动（　　）级应急响应。

A．Ⅰ　　B．Ⅱ　　C．Ⅲ　　D．Ⅳ

8．现场应急预案属于（　　）应急预案。

A．第一级　　B．第二级　　C．第三级　　D．临时性

三、判断题

1．突发事件与风险和隐患都无关。（　　）

2．应急救援体系应该有明确的方针和原则，作为指导应急救援工作的纲领。（　　）

3．开展应急演习是对应急能力的综合检验，有助于提高应急能力。（　　）

4．在列车的每个车门上均安装有紧急开门装置。（　　）

5．需要紧急转移安置 10 万人以上的安全生产事故，应启动Ⅱ级应急响应。（　　）

6．大客流可能出现的情况包括节假日、特别事件、恶劣天气等。（　　）

7．发生列车故障时，遵循无限度列车服务的原则。（　　）

8．大客流应急处置时，站务员在入口处实行“分批放行”限制进站乘客。（　　）

四、名词解释

1．应急管理

2．应急预案

3．突发事件

4．应急救援

五、简答题

1．突发事件的特点有哪些？

2．简述城市轨道交通大客流应急处置的具体步骤。

3．城市轨道交通应急处置有哪几种？

4．城市轨道交通应急设备具体有哪些？

六、综合分析题

某地铁线路设备故障，采用电话闭塞方式组织行车。期间，某列车与前行迫停列车发生追尾，造成部分乘客受伤。

1．针对以上列车事故，运营公司应当采取哪些应急处置?

2．司机在应急救援过程中的职责有哪些?

3．车站在事故发生后的应急处理工作有哪些?